Impressum
Verlag: BABADADA GmbH, Nedderfeld 112 , 22529 Hamburg
Geschäftsführer / Verlagsleitung: Harald Hof
Druck: Books on Demand GmbH, In de Tarpen 42, 22848 Norderstedt

Imprint
Publisher: BABADADA GmbH, Nedderfeld 112 , 22529 Hamburg, Germany
Managing Director / Publishing direction: Harald Hof
Print: Books on Demand GmbH, In de Tarpen 42, 22848 Norderstedt

kool

yachay wasi

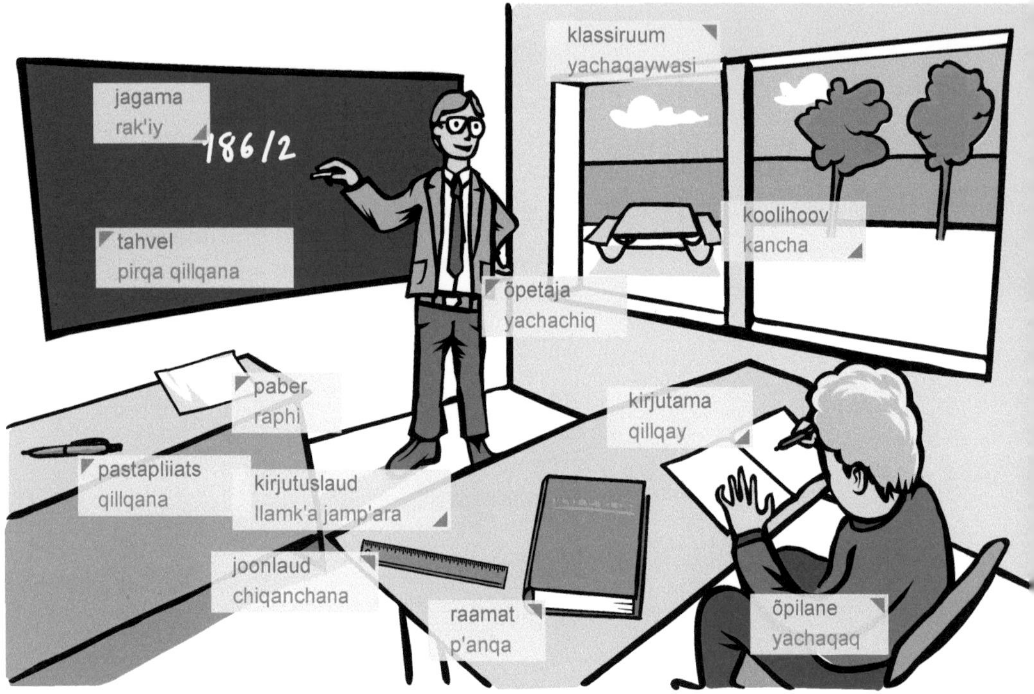

klassiruum
yachaqaywasi
jagama
rak'iy
186/2
tahvel
pirqa qillqana
koolihoov
kancha
õpetaja
yachachiq
paber
raphi
kirjutama
qillqay
pastapliiats
qillqana
kirjutuslaud
llamk'a jamp'ara
joonlaud
chiqanchana
raamat
p'anqa
õpilane
yachaqaq

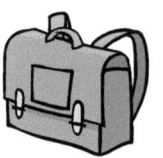

koolikott

wayaqa

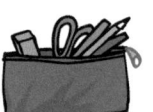

pinal

p'uktaki llimp'i qillqana

harilik pliiats

yana qillqana

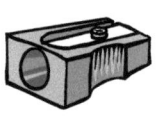

pliiatsiteritaja

ñawch'ina

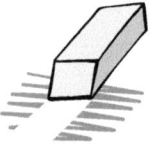

kustukumm

qillqakhituna

joonistusplokk

qillqana p'anqa siq'inapaq

joonistus

siq'i

pintsel

chukcha llimp'ina

värvikarp

p'uktaki llimp'ikuna

käärid

k'utuna

liim

k'akachana

töövihik

qillqana p'anqa ruwanakuna

kodutöö

kamachinakuna

12

number

yupay

2+2

liitma

yapay

5-2

lahutama

qhichuqay

2×2

korrutama

mirachay

arvutama

yupanchay

A

täht

sanampa

ABCDEFG
HIJKLMN
OPQRSTU
VWXYZ

tähestik

sanampakuna

sõna

simi rimay

tekst
qillqa

lugema
ñawiriy

kriit
iskuna

koolitund
yachachina

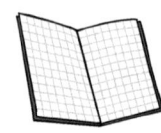

klassipäevik
qillqana p'anqacha

eksam
chaninchana

tunnistus
certificaru

koolivorm
uniforme

haridus
yachay

entsüklopeedia
jatun simi pirwa

ülikool
Jatun yachaywasi

mikroskoop
microscopio

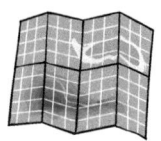

kaart
saywa siq'i

paberikorv
raphi chuqana

reisimine
ch'usay

hotell
tampu wasi
Grand
hostel
qurpa wasi
ROOMS
EXCHANGE
valuutavahetuspunkt
qullqi rantina wasi
kohver
p'acha churana
auto
kuchi

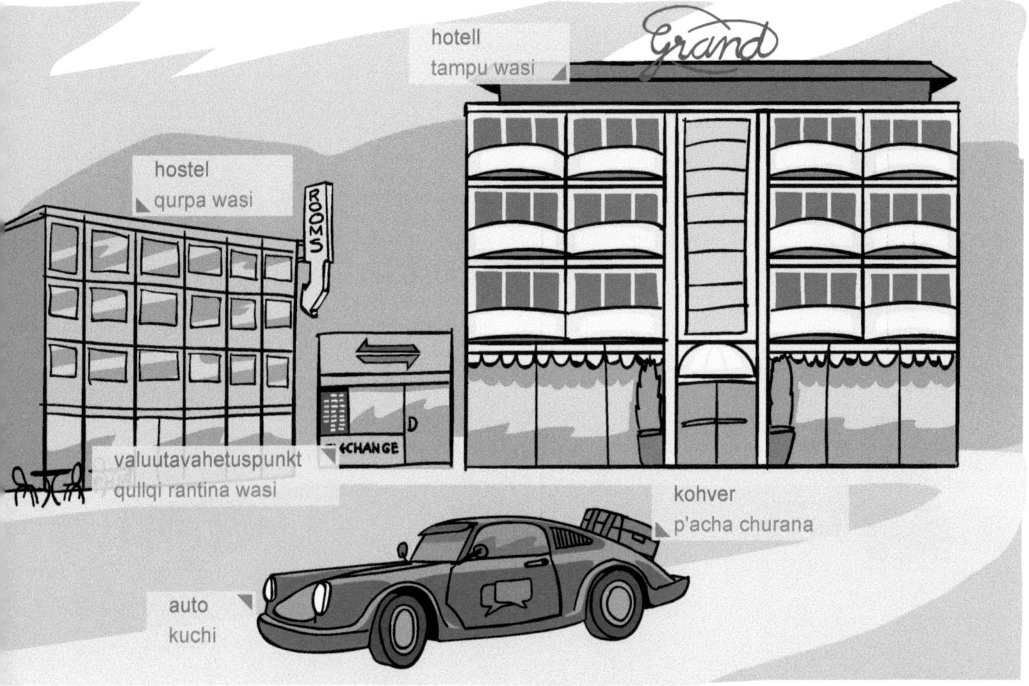

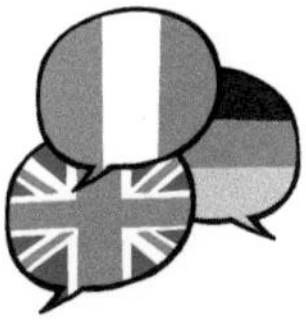

keel
simi

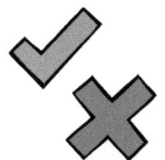

jah / ei
ari / mana

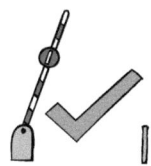

okei
ari

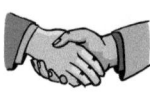

Tere!
Imaynalla

tõlk
tikraq

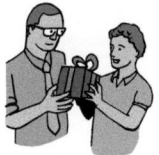

Aitäh!
Pachi

Kui palju maksab …?

¡Machkhataq?

Ma ei saa aru

Mana yachanichu

probleem

ch'ampay

Tere õhtust!

¡Allin tuta!

Tere hommikust!

¡Allin P'unchaw!

Head ööd!

¡Allin tuta!

Head aega!

tinkunakama

suund

pusachay wasi

pagas

q'ipi

kott

wayaqa

seljakott

wasa wayaqa

külaline

jamuynisqa

tuba

wasi

magamiskott

puñunapaq wayaqa

telk

tienda

turismiinfo

turismu willakuy

rand

quchapata

krediitkaart

tarjita kriditumanta

hommikusöök

paqarin mikhuy

lõunasöök

chawpi p'unchaw mikhuy

õhtusöök

tuta mikhuy

pilet

qullqi

lift

makina wicharinapaq

postmark

unanchana

riigipiir

saywa

toll

adwana

saatkond

imwajada

viisa

visa

pass

pasapurti

transport

astana

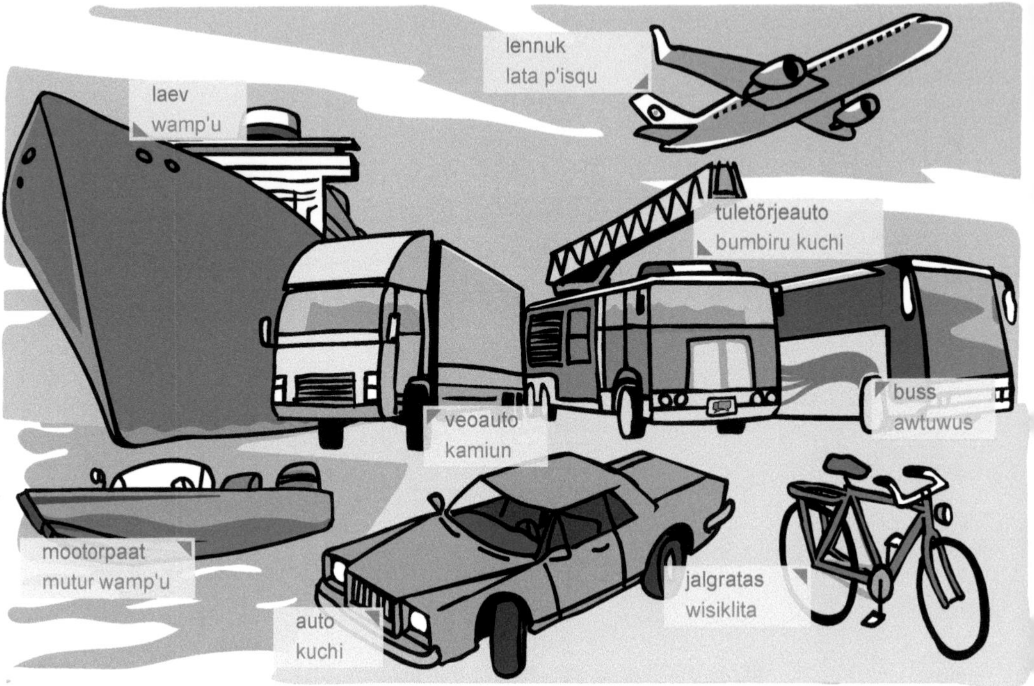

lennuk
lata p'isqu
laev
wamp'u
tuletõrjeauto
bumbiru kuchi
buss
awtuwus
veoauto
kamiun
mootorpaat
mutur wamp'u
jalgratas
wisiklita
auto
kuchi

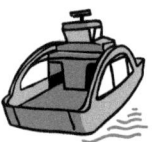

praam
quchacha

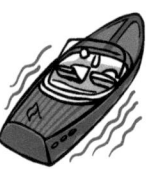

paat
wamp'u

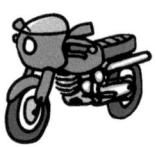

mootorratas
mutu

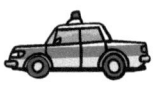

politseiauto
pulisiyap autun

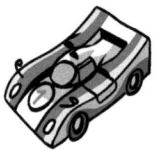

võidusõiduauto
usqay karru

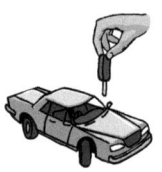

rendiauto
kuchi manukuna

ühisauto

kuchi manu

puksiirauto

grua

prügiauto

q'upa kamiun

mootor

mutur

kütus

gasulina

tankla

gasulinamanta istasiun

liiklusmärk

chakatana sanampa

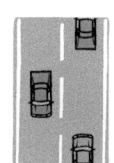

liiklus

trajiku

liiklusummik

chakatana

parkla

istasiun

raudteejaam

trin estasiun

rööpad

ñankuna

rong

trin

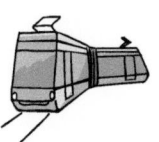

tramm

tranwia

vagun

wagun

helikopter
ilikuptiru

lennujaam
lata p'isqu kiti

torn
pukara

reisija
pasaqlla

konteiner
jatun p'uktaki

pappkast
karton p'uktaki

käru
kapachu

korv
isanka

õhku tõusma / maanduma
phaway / uray

linn

llaqta

küla
llaqta

kesklinn
chawpi jatun llaqta

maja
wasi

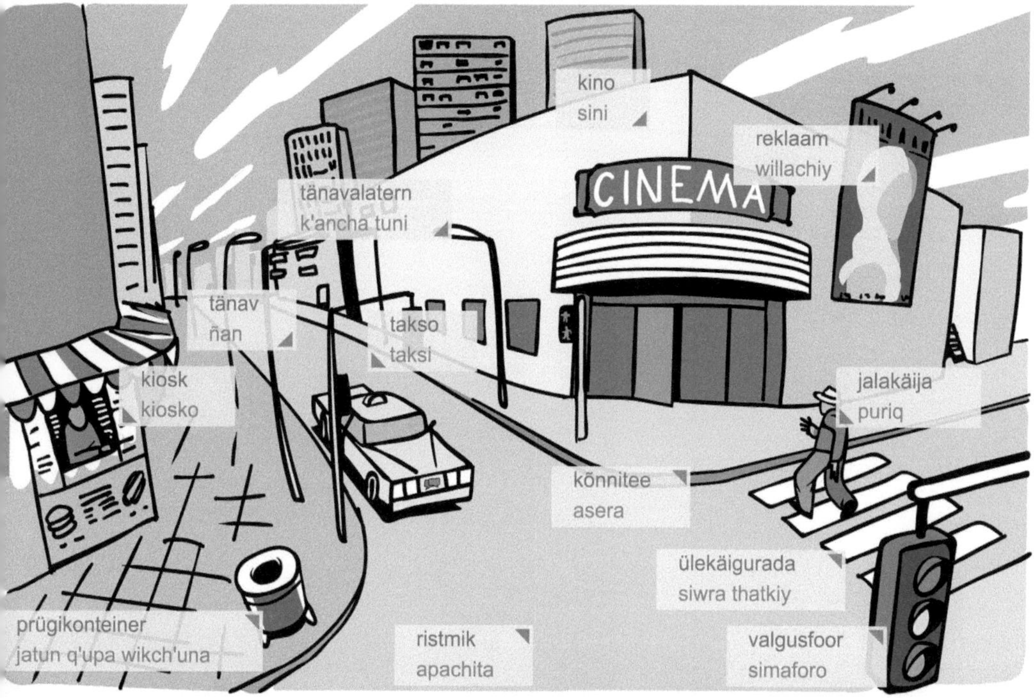

kino
sini

reklaam
willachiy

tänavalatern
k'ancha tuni

tänav
ñan

takso
taksi

kiosk
kiosko

jalakäija
puriq

kõnnitee
asera

ülekäigurada
siwra thatkiy

prügikonteiner
jatun q'upa wikch'una

ristmik
apachita

valgusfoor
simaforo

CINEMA

osmik

ch'ullka

kortermaja

apartamento

raudteejaam

trin estasiun

raekoda

tantanakuy wasi

muuseum

rikuchina wasi

kool

yachay wasi

ülikool

Jatun yachaywasi

pank

qullqi pirwa

haigla

Jampina wasi

hotell

tampu wasi

apteek

jampi ranqhana wasi

kontor

ujisina

raamatupood

p'anqa pirwa

kauplus

tienda

lillepood

t'ika wasi

supermarket

jatun qhatu

turg

qhatu

kaubamaja

jatun pirwa

kalapood

challwa wasi

kaubanduskeskus

jatun rantina wasi

sadam

wamp'u qhispinan

park

jark'asqa chiqan

pink

qullqi pirwa

sild

chaka

trepp

wichana

metroo

metro

tunnel

suqhu

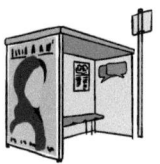

bussipeatus

autuwus sayana

baar

bar

restoran

mikhuna wasi

postkast

willa qillqa juch'uy wanqara

tänavasilt

t'uqsi tuni

parkimisautomaat

parkimetro

loomaaed

jatun uywa kancha

ujula

armakuna

mošee

meskita

talu	reostus	surnuaed
chakra wasi	pacha unquchiq	Aya pampa

kirik	mänguväljak	tempel
iñiy wasi	pukllana kancha	Qhapana

maastik

wanlla

leht
raphi

teeviit
sanampa

tee
ñan

aas
waylla

kivi
rumi

matkaja
puriq runa

puu
sach'a

jõgi
mayu

rohi
sach'a

lill
t'ika

org
....
qhichwa

mägi
....
muqu

järv
....
qucha

mets
....
Sach'a sach'a

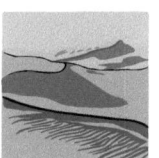

kõrb
....
purun

vulkaan
....
nina phuqchiq urqu

linnus
....
kastilla wasi

vikerkaar
....
k'uychi

seen
....
champiñun

palm
....
chunta

sääsk
....
ch'uspi

kärbes
....
ch'uspi

sipelgas
....
sik'imira

mesilane
....
wara

ämblik
....
kusi kusi

mardikas
ch'iqi

konn
k'ayra

orav
artilla

siil
askanku

jänes
liwre

öökull
ch'usiqa

lind
p'isqu

luik
yuku p'isqu

metssiga
sintiru

hirv
sierwu

põder
alsi

pais
waykhasqa

tuuleturbiin
wayrakallpa

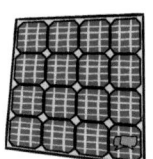

päikesepaneel
inti panil

kliima
pacha wayra

restoran
mikhuna wasi

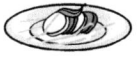

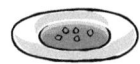

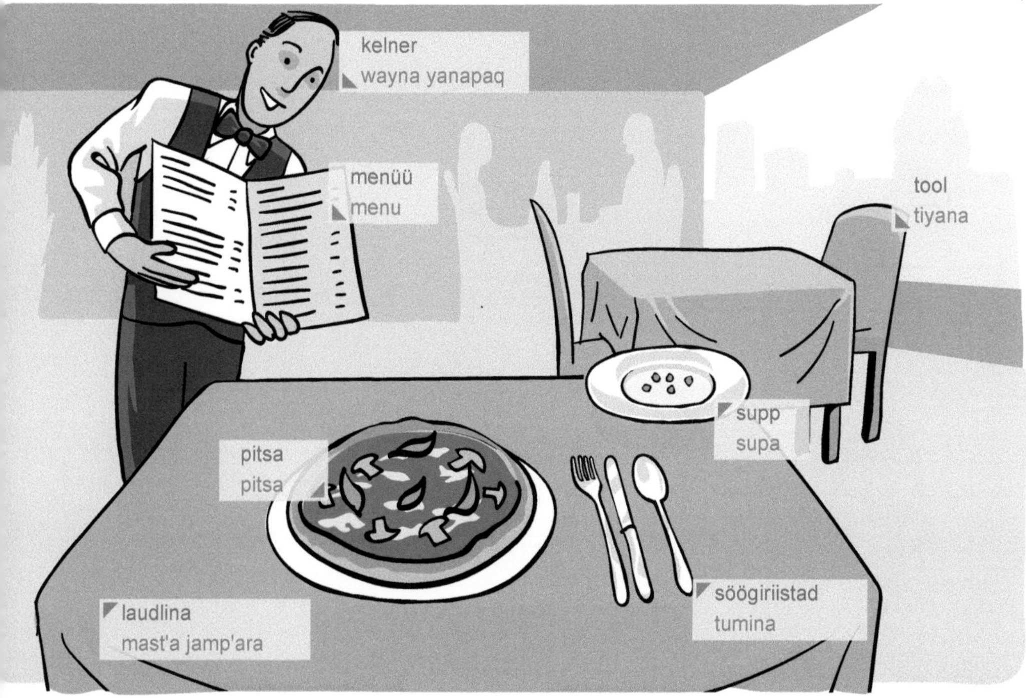
kelner
wayna yanapaq
menüü
menu
tool
tiyana
supp
supa
pitsa
pitsa
laudlina
mast'a jamp'ara
söögiriistad
tumina

eelroog
ñawpaq mikhuna

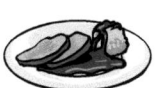

pearoog
yari mikhuna

magustoit
mikhuy yapa

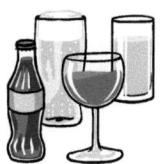

joogid
upyanakuna

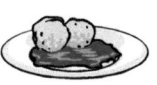

toit
mikhuna

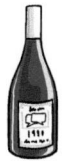

pudel
wutilla

kiirtoit

saqra ura

tänavatoit

kalli mikhuna

teekann

te churana

suhkrutoos

misk'i churana

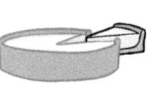

portsjon

chhika

espressomasin

cajitira iksprisu

lastetool

jatun tiyana

arve

yupay

kandik

bandija

nuga

tumi

kahvel

tinidur

lusikas

wislla uña

teelusikas

juch'uy wislla uña

salvrätik

simi pichana

klaas

qhispi akilla

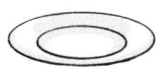

taldrik
chuwa

supitaldrik
chuwa

alustass
chuwa

kaste
salsa

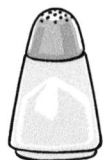

soolatoos
kachi churana

pipraveski
pimienta kutana

äädikas
k'allkucha

õli
llukllu

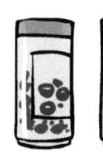

vürtsid
ch'aki q'mirkuna

ketšup
ketchup

sinep
mostaza

majonees
mayonisa

supermarket
jatun qhatu

eripakkumine
kusa ranqhanapaq
FOR
klient
rantiq
piimatooted
willalli
puuviljad
puquy
ostukäru
rantina karro

BUTCHERS

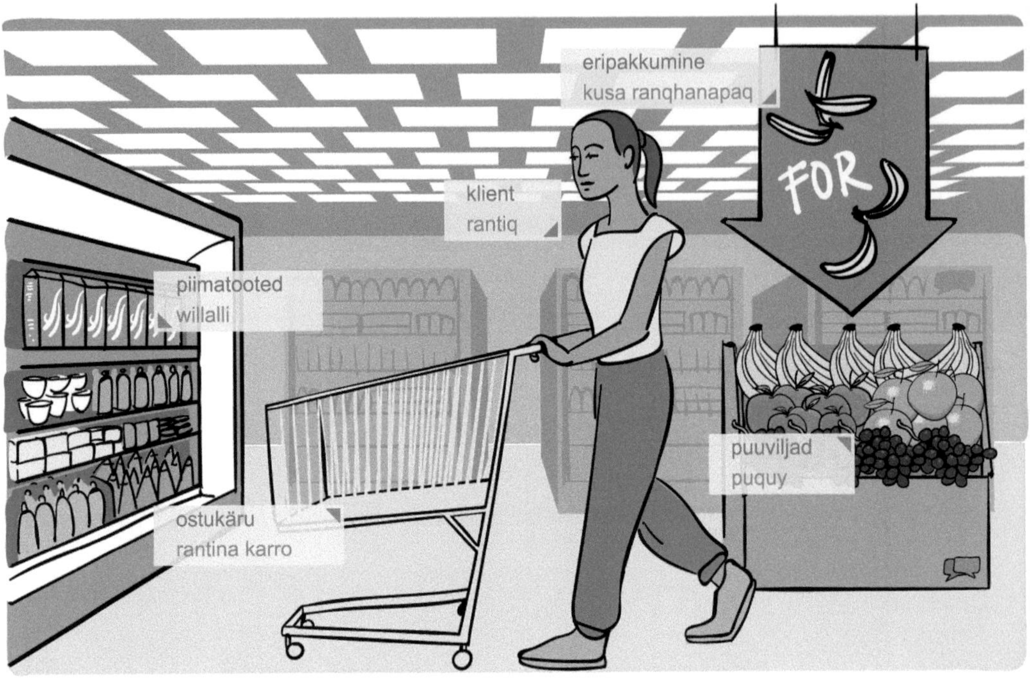

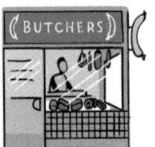

lihapood
aicha wasi

BAKERY

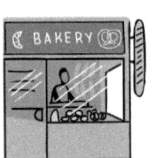

pagariäri
t'anta wasi

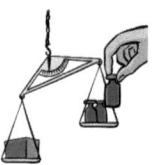

kaaluma
llasay

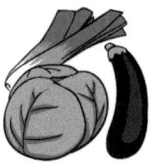

köögiviljad
q'umirkuna

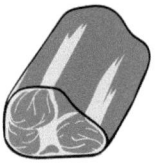

liha
aycha

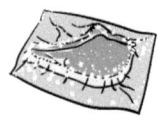

külmutatud toit
chhullunka mikhuna

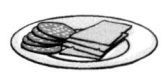

lihalõigud
quqawi

konservid
mikhuna unaychasqa

pesupulber
ditirjinti

maiustused
misk'ikuna

majatarbed
wasimanta pruduktu

puhastustooted
maylla produkto

müüja
ranqhaq

kassaaparaat
kartun p'uktaki

kassapidaja
kajiru

ostunimekiri
sinru qillqa rantina

lahtiolekuajad
sumaq runa uyarina phani

rahakott
qullqi wayaqa

krediitkaart
tarjita kriditumanta

kott
plastiko wayaqa

kilekott
plastiku wayaqa

vesi

yaku

mahl

jilli

piim

ch'awa

koola

coca cola

vein

vino

õlu

sirwisa

alkohol

alkula

kakao

kakawu

tee

te

kohv

caji

espresso

ieksprisu

cappuccino

capuchinu

banaan

platanu

õun

mansana

apelsin

laranja

arbuus

milun

sidrun

limun

porgand

sanawrya

küüslauk

aju

bambus

wamwu

sibul

siwulla

seen

champiñun

pähklid

awillana

nuudlid

jirius

spagetid

ispawiti

riis

arrus

salat

sarsa

friikartulid

papa kanka

praekartulid

papa kanka

pitsa

pitsa

hamburger

amwirkisa

võileib

sanwich

šnitsel

jiliti

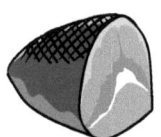

sink

jamun

salaami

salami

vorst

salchicha

kana

chichilu

praeliha

aycha kanka

kala

challwa

kaerahelbed

p'aqa awina

müsli

muesli

maisihelbed

p'aqa sara

jahu

jak'u

sarvesai

krwasan

kukkel

k'awka

leib

t'anta

röstsai

t'anta jamk'a

küpsised

khamuna

või

mantikilla

kohupiim

ñuqñu

kook

pastil

muna

runtu

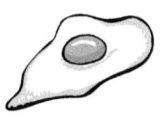

praemuna

runtu kanka

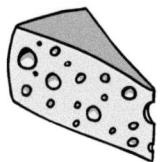

juust

masara

jäätis

chullunka misk'i

suhkur

misk'i

mesi

wayrunq'u misk'i

moos

mirmilara

pähklivõie

krima turrunmanta

karri

kurri

talu
chakra wasi

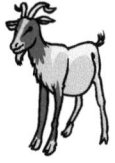

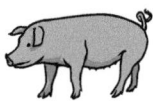

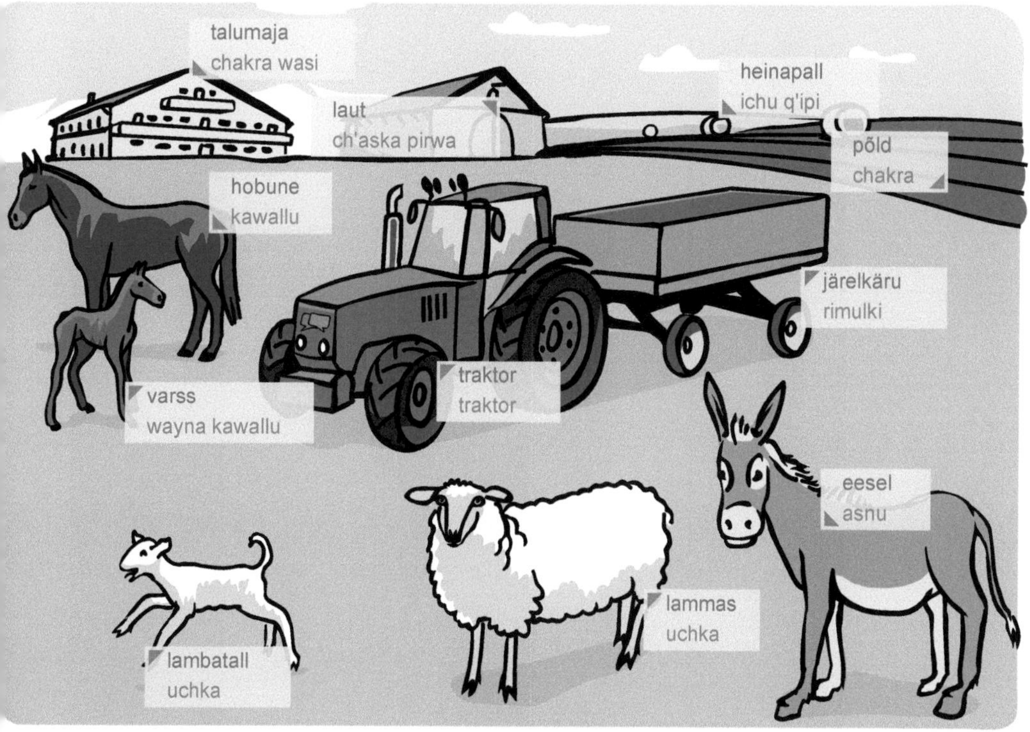
talumaja
chakra wasi
laut
ch'aska pirwa
heinapall
ichu q'ipi
põld
chakra
hobune
kawallu
järelkäru
rimulki
traktor
traktor
varss
wayna kawallu
eesel
asnu
lammas
uchka
lambatall
uchka

kits
karwa

lehm
waka

vasikas
waka uña

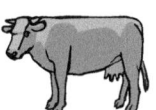

siga
khuchi

põrsas
khuchi uña

pull
turu

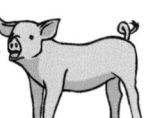

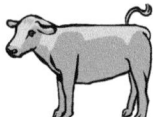

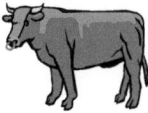

hani
....
wallata

part
....
pili

tibu
....
chchilu

kana
....
wallpa

kukk
....
k'anka

rott
....
jatun juk'ucha

kass
....
misi/michi

hiir
....
juk'ucha

härg
....
turu

koer
....
alqu

koerakuut
....
alquwasi

aiavoolik
....
mankira

kastekann
....
qarpana jalp'a

vikat
....
rutuna

ader
....
taklla

sirp
rutuna

kõblas
liwk'ana

hang
sipina

kirves
ayri

käru
kapachu

küna
yaku upyana

piimanõu
willalli purunku

kott
jatun wayaqa

tara
jark'aq ch'ipa

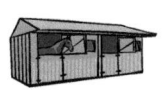

tall
kancha wasi

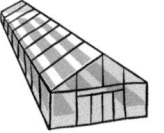

kasvuhoone
inwirnadiru

muld
pampa

seeme
muju

väetis
wanu

kombain
makina allana

saaki koristama

allay

saagikoristus

allay

jamss

ñame

nisu

tiriwu

soja

soya

kartul

papa

mais

sara

raps

kulsa luru

viljapuu

wayu sach'a

maniokk

mandiuka

teravili

ch'aki puquy

maja
wasi

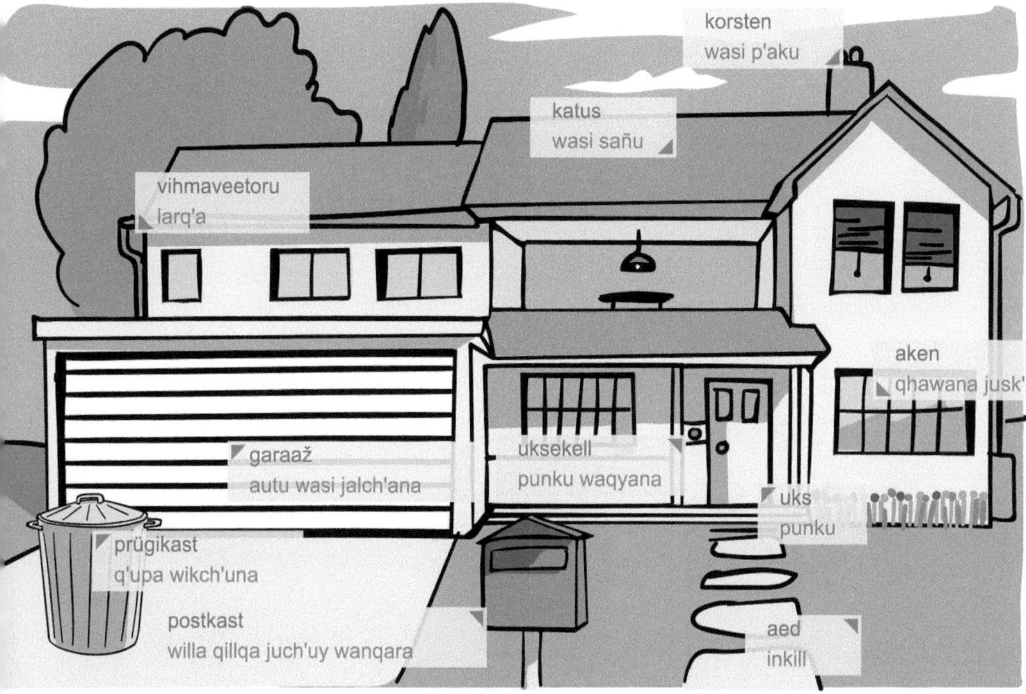

korsten
wasi p'aku
katus
wasi sañu
vihmaveetoru
larq'a
aken
qhawana jusk'u
garaaž
autu wasi jalch'ana
uksekell
punku waqyana
uks
punku
prügikast
q'upa wikch'una
postkast
willa qillqa juch'uy wanqara
aed
inkill

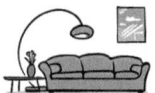

elutuba

k'illi wanlla

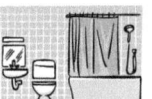

vannituba

akana wasi

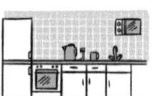

köök

wayk'una wasi

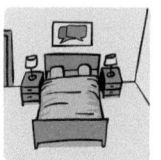

magamistuba

puñuna wasi

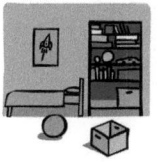

lastetuba

wawa k'uchu

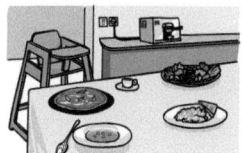

söögituba

mikhuna k'uchu

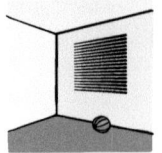

põrand

pampa

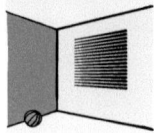

sein

pirqa

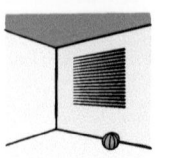

lagi

wasip khatan

kelder

wasi ukhun

saun

sawna

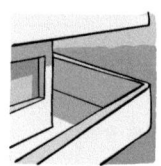

rõdu

walkun

terrass

pirqa

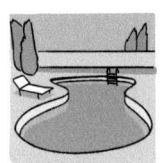

bassein

armakuna

muruniiduk

k'achina

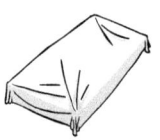

voodilina

iqana

päevatekk

khatana

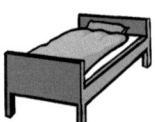

voodi

puñuna

luud

pichana

ämber

yaku aysana

lüliti

k'ancha jap'ichiq

elutuba
k'illi wanlla

tapeet
raphi llimp'isqa
pilt
lanti
lamp
k'anchana
riiul
p'anqa jallch'ana
kapp
churakuna
televiisor
tele
kamin
wasi p'aku
lill
t'ika
padi
sawna
diivan
sufa
vaas
p'uñu
kaugjuhtimispult
kuntrul remoto

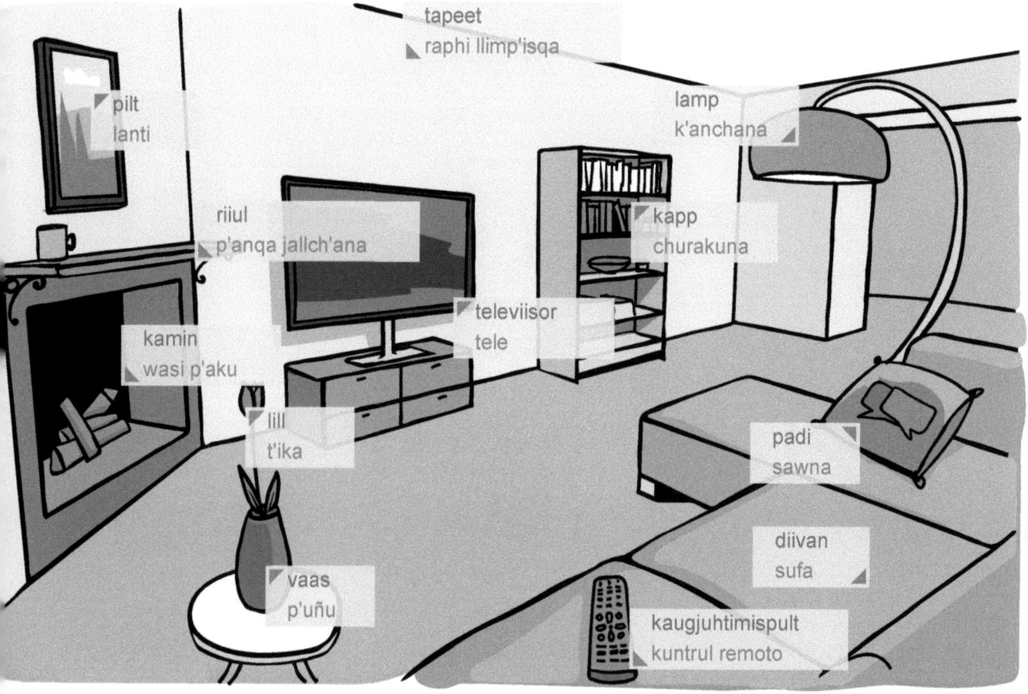

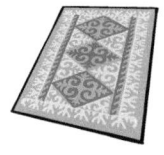

vaip

pampa mast'ana

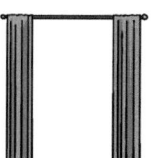

kardin

arapa

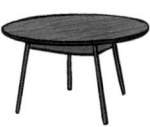

laud

jamp'ara

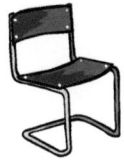

tool

tiyana

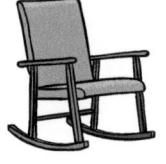

kiiktool

chhuku tiyana

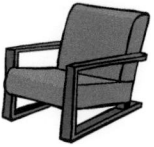

tugitool

kirana

raamat

p'anqa

tekk

mast'a

kaunistus

t'ikanchay

küttepuud

llamt'a

film

pelikula

helisüsteem

takina ekipu

võti

ch'atana

ajaleht

mit'awa

maal

llimp'i

plakat

poster

raadio

wayra simi

märkmik

qillqana p'anqa

tolmuimeja

aspiradora

kaktus

pukru

küünal

ispilma

köök
wayk'una wasi

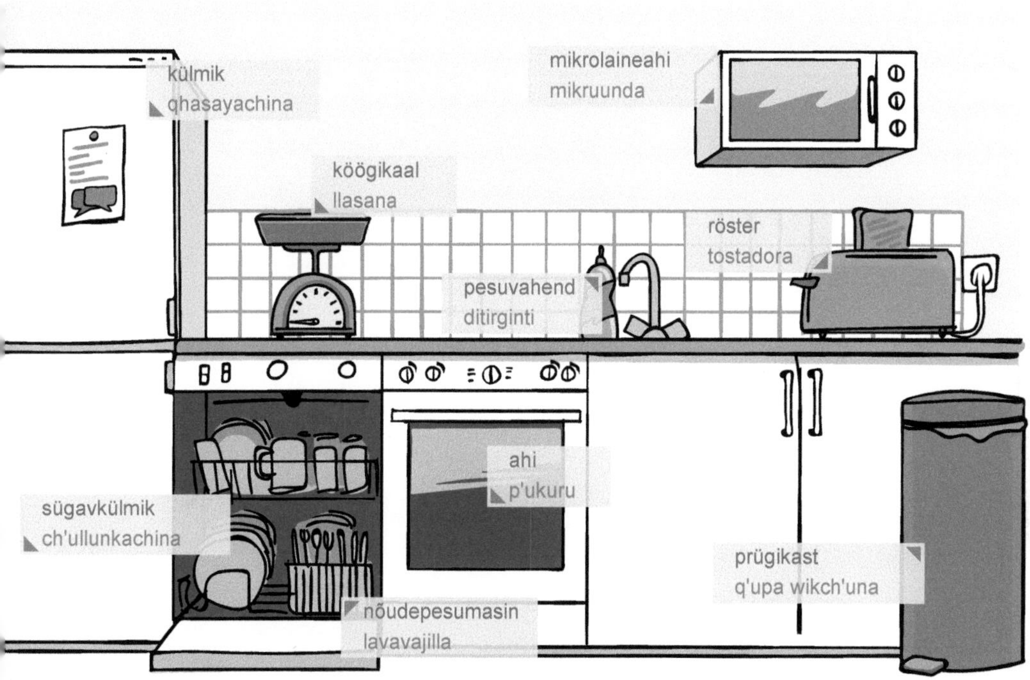
külmik
qhasayachina
mikrolaineahi
mikruunda
köögikaal
llasana
röster
tostadora
pesuvahend
ditirginti
ahi
p'ukuru
sügavkülmik
ch'ullunkachina
prügikast
q'upa wikch'una
nõudepesumasin
lavavajilla

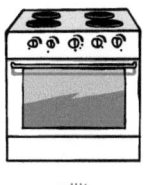

pliit

presiun manka

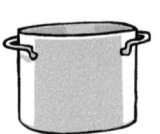

pott

manka

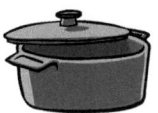

malmpott

q'illa manka

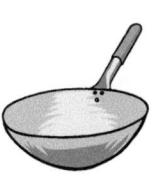

vokkpann

wok

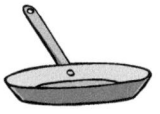

pann

payla

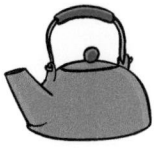

veekeetja

thimpuchina

aurutaja

wapsina

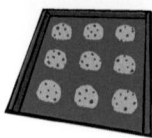

küpsetusplaat

p'ukuru punku

lauanõud

vajilla

kruus

tasa

kauss

tason

söögipulgad

palillo

kulp

wislla

pannilabidas

phusuqa urquna

vispel

qaywina

kurn

isanka

sõel

suysuna

riiv

thupana

uhmer

kutana

grill

kawitu

lahtine tuli

nina jap'ichina

köök - wayk'una wasi

lõikelaud

k'ullu kuchunapaq

tainarull

tuquru

korgitser

sacacurchu

konservipurk

lata

konserviavaja

lata kichana

pajakinnas

jap'ina

kraanikauss

chuwa mayllana

hari

sipillu

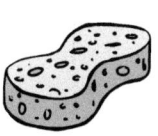

pesukäsn

ispunja

kannmikser

watidora

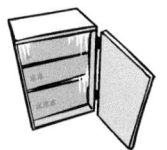

sügavkülmuti

ch'ullunkachina

lutipudel

biberon

segisti

grifo

vannituba

akana wasi

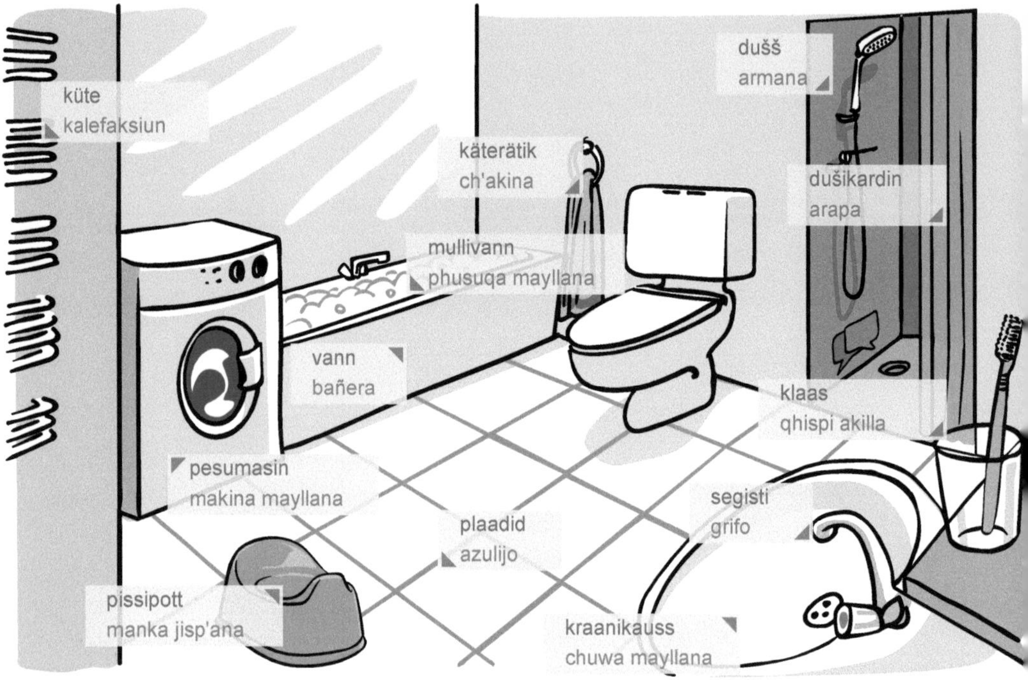

küte
kalefaksiun
käterätik
ch'akina
mullivann
phusuqa mayllana
vann
bañera
pesumasin
makina mayllana
pissipott
manka jisp'ana
plaadid
azulijo
dušš
armana
dušikardin
arapa
klaas
qhispi akilla
segisti
grifo
kraanikauss
chuwa mayllana

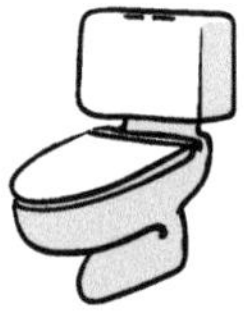

WC-pott

akana

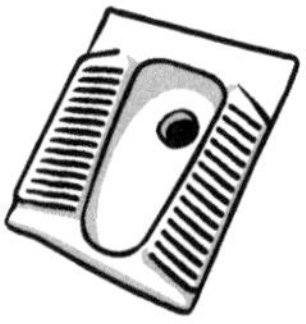

kükitamistualett

yakupaka

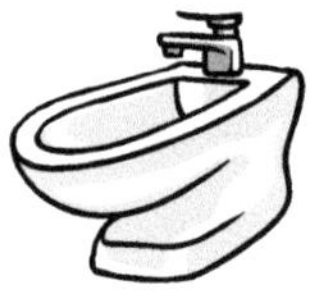

bidee

bidet

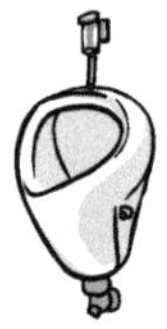

pissuaar

jisp'ana

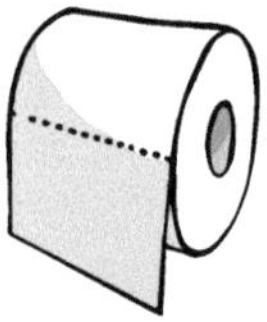

tualettpaber

papel higieniku

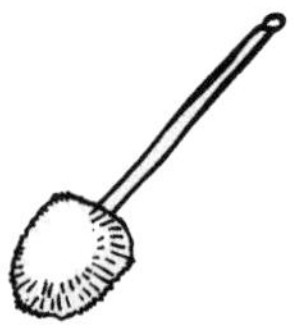

WC-hari

water pichana

hambahari

kiru khituna

hambapasta

kiru pasta

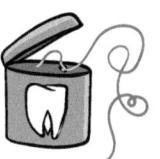

hambaniit

kiru q'aytu

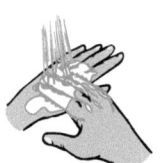

pesema

mayllay

käsidušš

armana makiwan

intiimdušš

armana

pesukauss

pila

seljahari

wasa cepillo

seep

t'arta

dušigeel

llukllu armanapaq

šampoon

champu

vamm

ch'akina

äravool

ch'chi yaku wikch'una

kreem

krima

deodorant

kuntu wayllak'upaq

peegel

qhispi

käsipeegel

qhawakunaqhispi

habemenuga

mumikuna

raseerimisvaht

phusuqu mumikunapaq

habemevesi

lusiun mumikunapaq

kamm

sikrana

hari

kuiru khituna

föön

sekadora

juukselakk

ispray

meigikomplekt

makillaji

huulepulk

simi llimp'ina

küünelakk

llimp'i sillu

vatt

ampi

küünekäärid

sillu k'utuna

parfüüm

untu

tualett-tarvete kott
wayaqa ch'usanapaq

taburet
chukuna

kaal
aysana

hommikumantel
bata

kummikindad
maki wayaqa gumamanta

tampoon
tampon

hügieeniside
raphi ch'akina

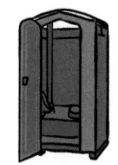

keemiline tualett
akanapaq tiyana kimiku

lastetuba
wawa k'uchu

äratuskell
riqch'achina
pehme mänguasi
piluchi
mänguauto
kochi pukllana
kõristi
chanrara
nukumaja
urpu wasi
kingitus
qurina

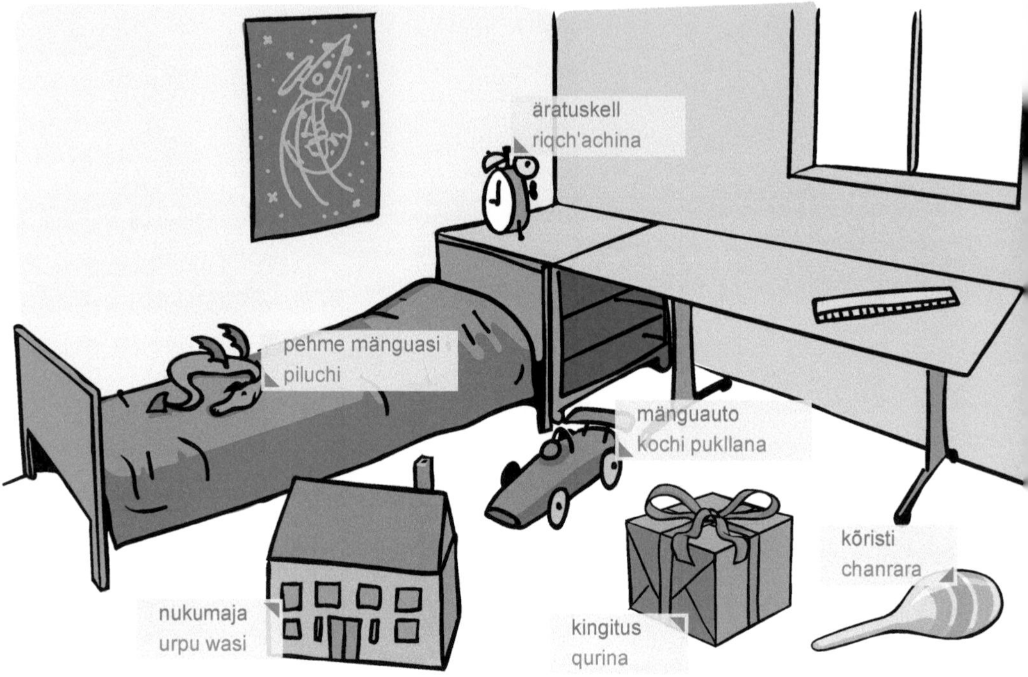

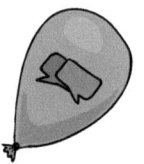

õhupall

phuyu phuku

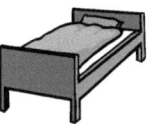

voodi

puñuna

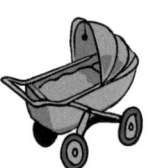

lapsevanker

wawa kochi

kaardipakk

naypi

pusle

pusli

SUPER MEGA

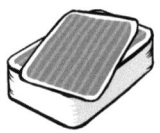

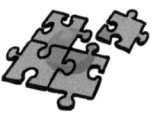

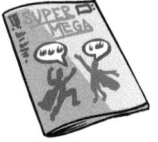

koomiks

riwista

Lego klotsid

legukuna

klotsid

wluki pukllana

kujuke

figura aksionmanta

siputuspüksid

wuri wawapaq

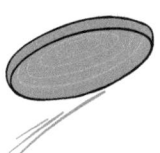

lendav taldrik

friswi

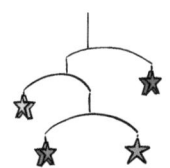

voodikarussell

wawa marq'a

lauamäng

jamp'ara pukllana

täringud

dado

mudelrong

trin iliktriko purina

lutt

maniki

pidu

raymi

pildiraamat

futu p'anqa

pall

p'ulu

nukk

urpu

mängima

pukllay

liivakast
....
t'iyu p'utaki

kiik
....
wallunk'a

mänguasjad
....
pukllana

mängukonsool
....
wiriukunsula

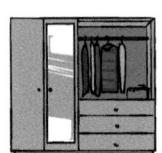

kolmerattaline jalgratas
....
trisiklu

mängukaru
....
jukumari pukllana

riidekapp
....
p'acha jallch'ana

riietus

p'acha

sokid
....
chakiwayaqa

sukad
....
chakiwayaqa qharipaq

sukkpüksid
....
chakiwayaqa

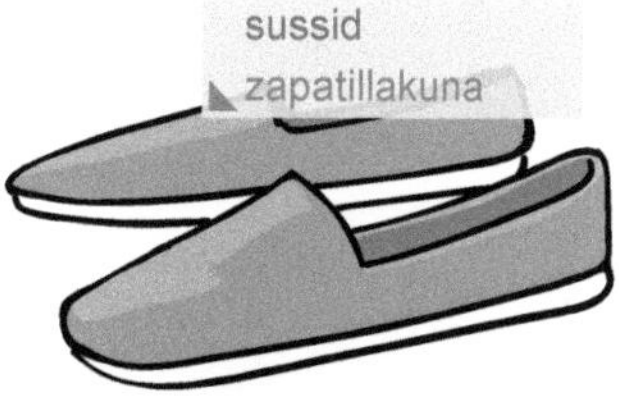

sall
chalina

vihmavari
parawa

T-särk
kamisita

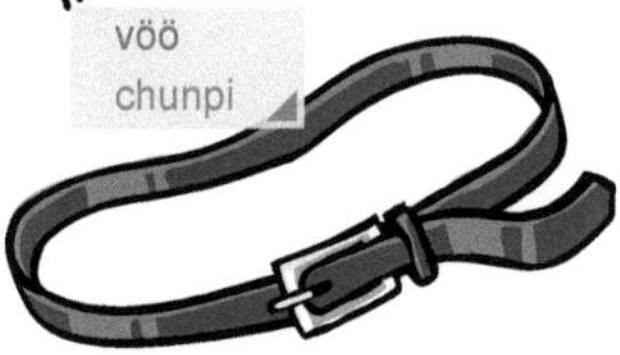

vöö
chunpi

saapad
wutakuna

sussid
zapatillakuna

tossud
tinis

sandaalid
llanq'i

jalatsid
phapatukuna

kummikud
wutakuna parapaq

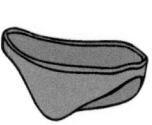

aluspüksid
ukhu p'acha

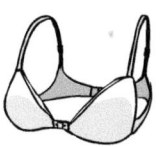

rinnahoidja
sustin

vest
chaliku

bodi

wuri

püksid

pantalu kurtu

teksapüksid

wakiru

seelik

arphi

pluus

wulusa

särk

kamisa

sviiter

chumpa

dressipluus

chumpa

bleiser

blazer

jakk

chakita

mantel

qhata

vihmamantel

yawardina

kostüüm

traji

kleit

wistiru

pulmakleit

wistiru nowiamanta

ülikond

traji

öösärk

kamisun

pidžaama

piyama

sari

sari

pearätt

wandana

turban

turbante

burka

burka

kaftan

kaftan

abayah

abaya

ujumistrikoo

traje mayllakunapaq

ujumispüksid

p'acha mayllakunpaq

lühikesed püksid

kurtu

dressid

p'acha tukuy p'unchawpaq

põll

dilantal

kindad

makiwayaqa

nööp
ch'itana

prillid
gafakuna

käevõru
maki watana

kaelakee
wallqa

sõrmus
siwi

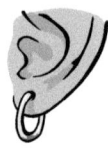

kõrvarõngas
linri quri

nokamüts
q'aspa

riidepuu
p'acha warkhuna

kaabu
chharara

lips
kurbata

tõmblukk
pantalu wisk'ana

kiiver
kasku

traksid
tirantikuna

koolivorm
uniforme

vormirõivad
uniformi

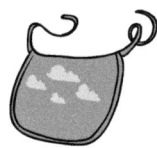

pudipõll

llawsanapaq

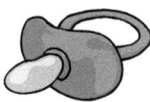

lutt

maniki

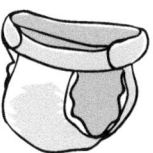

mähe

jananta

kontor
ujisina

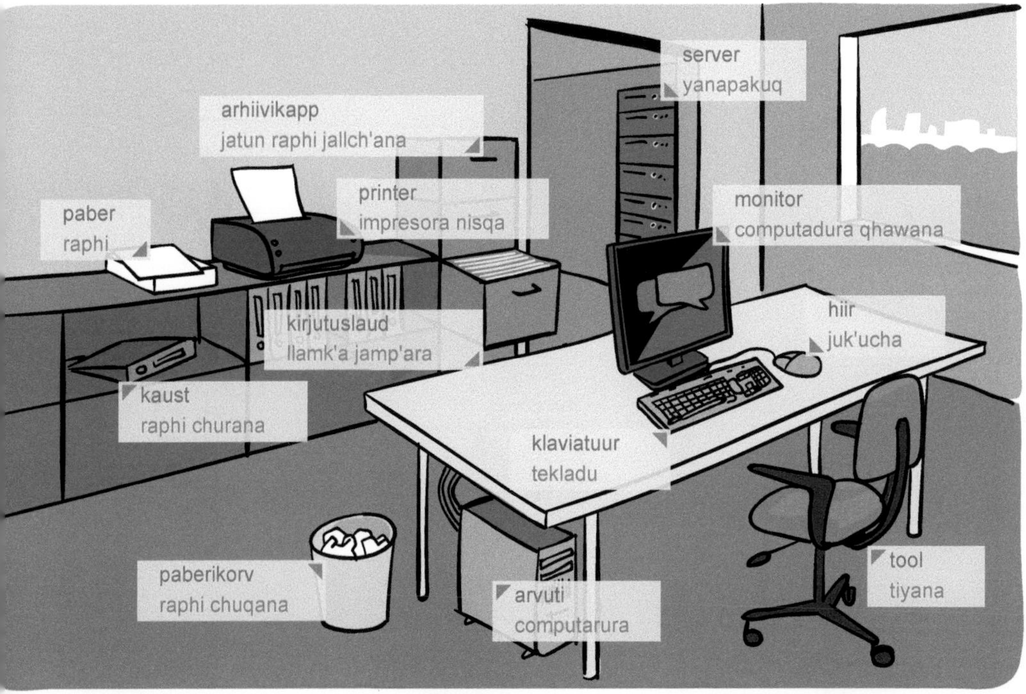
server
yanapakuq
arhiivikapp
jatun raphi jallch'ana
printer
impresora nisqa
paber
raphi
monitor
computadura qhawana
hiir
juk'ucha
kirjutuslaud
llamk'a jamp'ara
kaust
raphi churana
klaviatuur
tekladu
paberikorv
raphi chuqana
arvuti
computarura
tool
tiyana

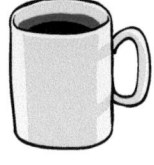

kohvikruus

tasa cajimanta

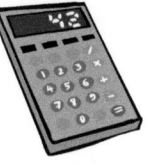

kalkulaator

calcularura

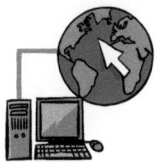

internet

intirnit

sülearvuti

laptop

kiri

chaki qillqa

sõnum

willachiy

mobiiltelefon

silular

võrk

red

koopiamasin

futukopia

tarkvara

software

telefon

tilijunu

pistikupesa

toma corriente

faksimasin

faks

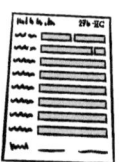

vorm

jurmulario

dokument

asuy qillqa

ostma

ranqhay

maksma

qupuy

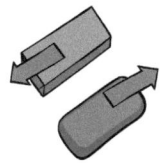

vahetama

ranqhay

raha

qullqi

dollar

dólar qullqi

euro

iwro qullqi

jeen

yen qullqi

rubla

ruwlu qullqi

Šveitsi frank

juranku swisu qullqi

renminbi jüaan

rinminwi qullqi

ruupia

rupia qullqi

sularahaautomaat

kajiru awtumatiku

valuutavahetuspunkt

qullqi rantina wasi

kuld

quri

hõbe

qullqi

nafta

pitruliu

energia

kallpa

hind

yupa

leping

mink'ay

maks

impuistu

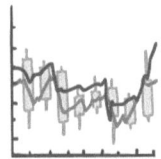

aktsia

aksiun

töötama

llamk'ay

töötaja

llamk'achiq

tööandja

llamk'achiq

tehas

puquchiy kiti

kauplus

tienda

ametid

llamk'aykuna

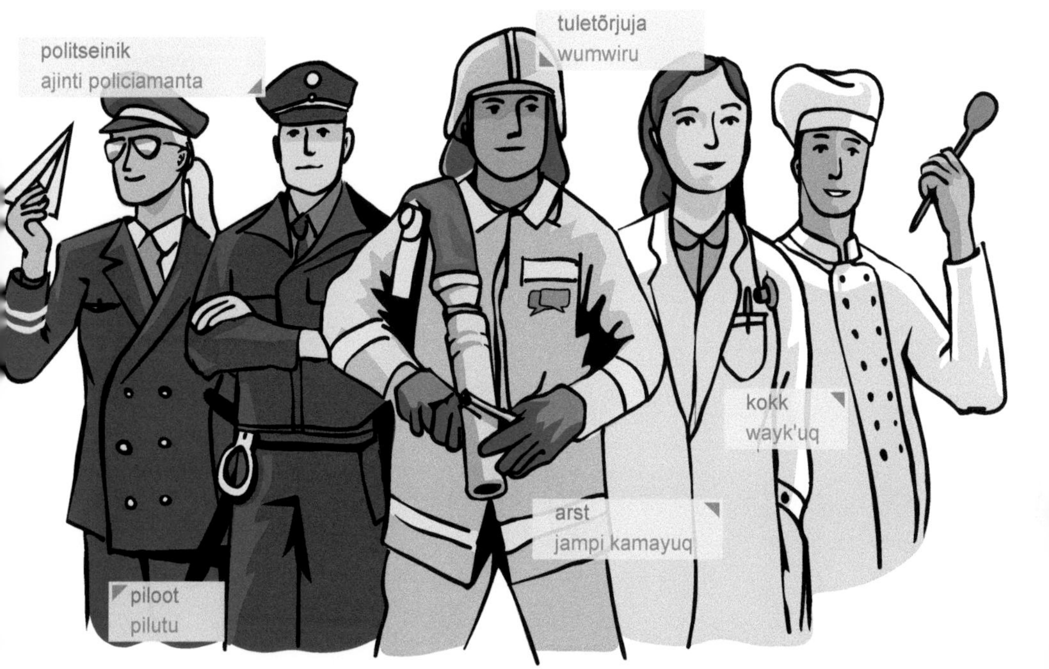
politseinik
ajinti policiamanta
tuletõrjuja
wumwiru
kokk
wayk'uq
arst
jampi kamayuq
piloot
pilutu

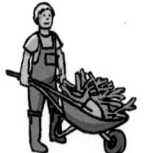

aednik

inkill kamayuq

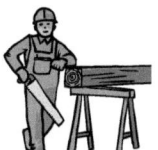

puusepp

llaqllaykamayuq

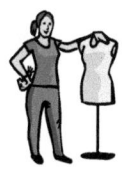

õmbleja

siraykamayuq

kohtunik

khuskachaq

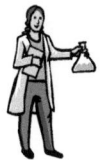

keemik

jampi ranqhaq

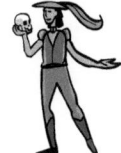

näitleja

aranwaq

bussijuht

awtuwus q'iwiq

taksojuht

taksi q'iwiq

kalamees

challwakamayuq

koristaja

pichaq

katusepaigaldaja

wasip qhatan

kelner

wayna yanapaq

jahimees

chakuykamayuq

maaler

llimp'iq

pagar

t'antiri

elektrik

iliktrisista

ehitaja

llam'kaq

insener

k'llikacha

lihunik

ñak'aq

torumees

yaku kamayuq

postiljon

qillqa apaq

sõdur

awqakuq

arhitekt

wasikamayuq

kassapidaja

kajiru

lillemüüja

t'ikachaq

juuksur

chukcharutuq

piletikontrolör

q'iwichiq

mehaanik

mikaniku

kapten

wamink'a

hambaarst

kirukamayuq

teadlane

jamawt'a

rabi

rawinu

imaam

k'askachimuq

munk

munji

preester

tata kura

tööriistad

ruk'awi

haamer
takana
tangid
alikati
kruvikeeraja
disturnilladur
mutrivõti
kichakuq
taskulamp
k'anchana

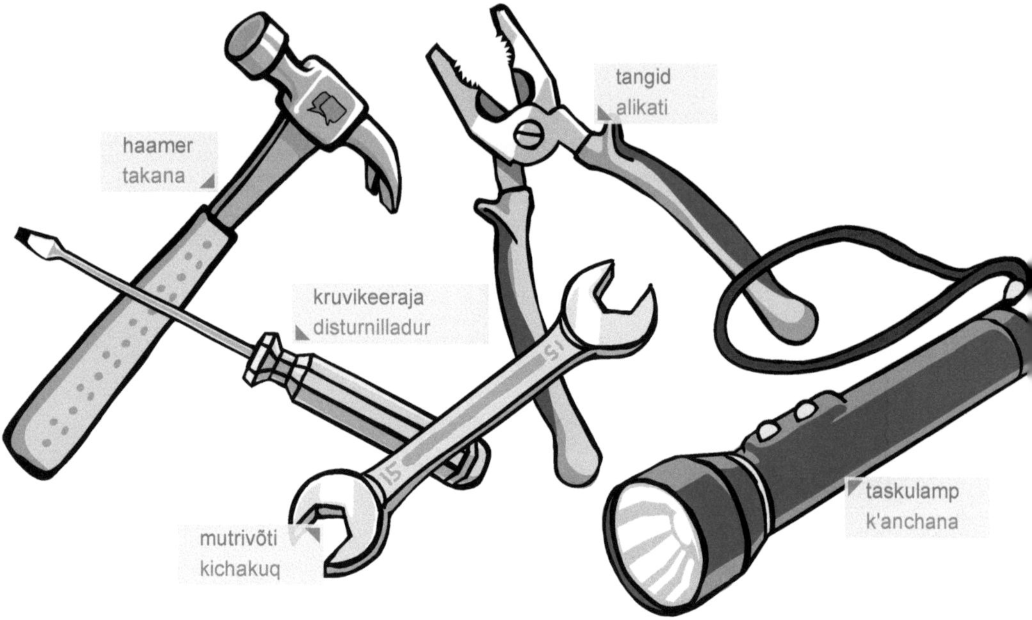

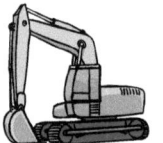

ekskavaator

ikskawadura

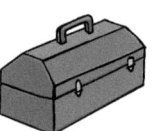

tööriistakast

ruk'awi p'uktaki

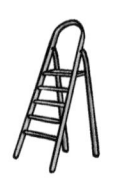

redel

wichana makiyuq

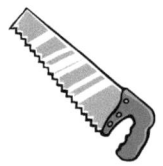

saag

sierra

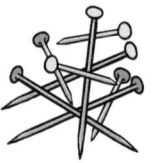

naelad

takarpu

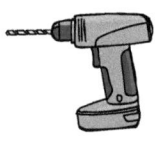

trell

talaru

parandama
allinchay

labidas
lampa

Põrgusse!
¡Supay apachun!

kühvel
q'upa tantana

värvipott
llimp'i churana

kruvid
turnillukuna

pillid
takichiy nakuna

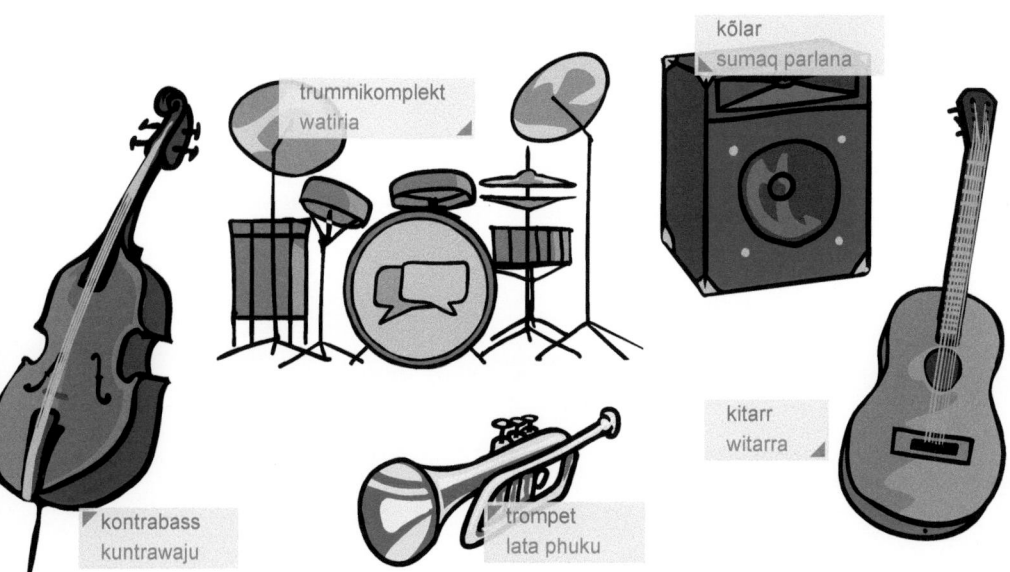

trummikomplekt
watiria

kõlar
sumaq parlana

kitarr
witarra

kontrabass
kuntrawaju

trompet
lata phuku

klaver

pianu

viiul

wiulin

bass

waju

timpan

tinwalis

trummid

wankar

süntesaator

tikladu

saksofon

saksu

flööt

phukuna

mikrofon

mikrufunu

ZOO

sissepääs
yaykuna

tiiger
uthurunku

puur
ch'iwa

sebra
siwra

loomasööt
uywa mikhunan

panda
panda

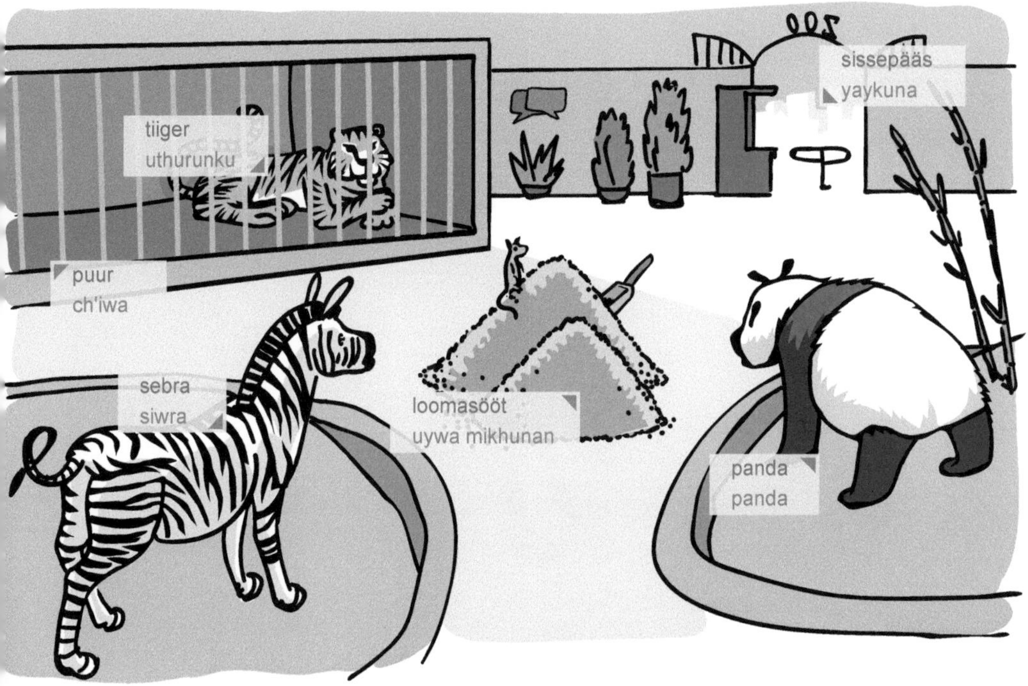

loomad

uywa

elevant

ilijanti

känguru

kanguru

ninasarvik

rinusirunti

gorilla

gurila

karu

jukumari

kaamel

kamillu

jaanalind

suri

lõvi

puma

ahv

k'usillu

flamingo

pariwana

papagoi

q'ichichi

jääkaru

pular jukumari

pingviin

pinwinu

hai

tiwurun

paabulind

pawu

madu

katari

krokodill

kukuwurilu

loomaaiatalitaja

jatun uywa kancha arariwa

hüljes

fuka

jaaguar

uthurunku

poni

puni

leopard

lliwpardu

jõehobu

hipuputamu

kaelkirjak

jirafa

kotkas

anka

metssiga

sintiru

kala

challwa

kilpkonn

turtuga

morsk

mursa

rebane

atuq

gasell

gacila

Ameerika jalgpall
amerikanu papawki pukllay

jalgrattasõit
siklu rumpiy

tennis
tenis

korvpall
isanka papawki

ujumine
wat'aku

poksimine
ñuk'anaku

jäähoki
joki

jalgpall
papawki pukllay

sulgpall
watmintun

kergejõustik
lanlak

käsipall
kakcha

suusatamine
iski

polo
pulu

tegevused
ruwakuna

hüppama
phinkiy
kallistama
mak'alliy
naerma
asiy
jalutama
puriy
laulma
takiy
unistama
musquy
palvetama
mañakuy
suudlema
much'ay

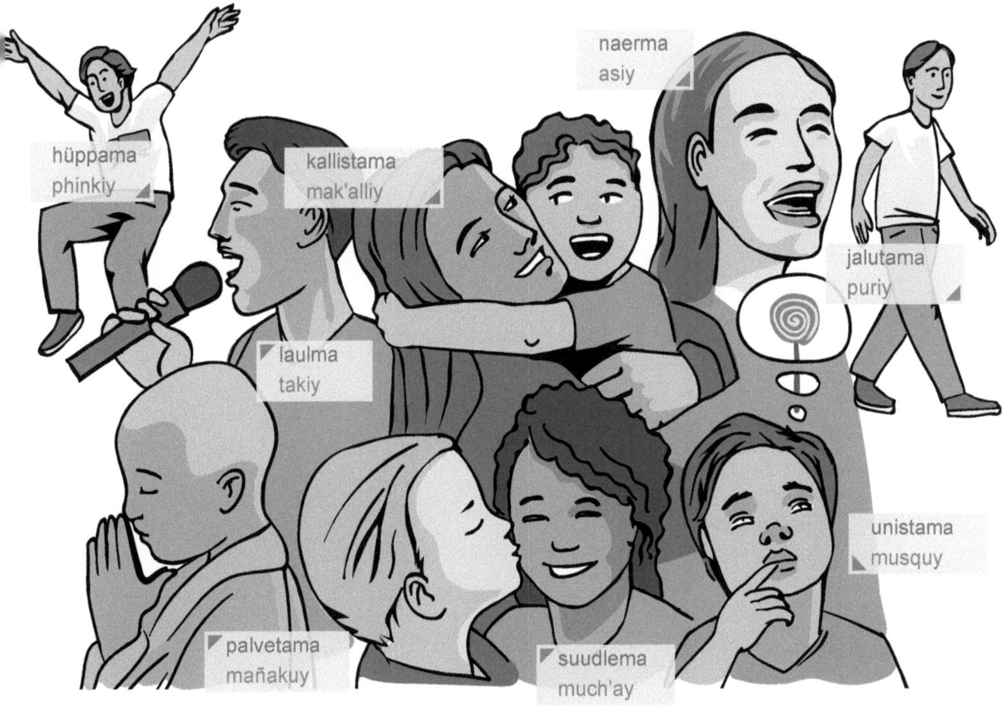

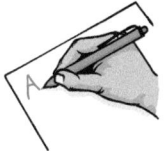

kirjutama
qillqay

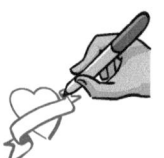

joonistama
t'iktuy

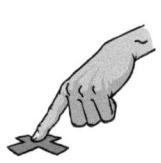

näitama
qhawachiy

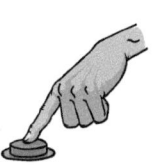

lükkama
tanqay

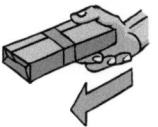

andma
quy

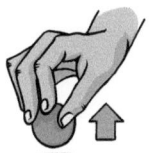

võtma
uqhariy

omama

yuq

tegema

ruway

olema

kay

seisma

sayay

jooksma

t'ijuy

tõmbama

chuqay

viskama

chuqay

kukkuma

urmay

lamama

siriy

ootama

suyay

kandma

apay

istuma

chukuchiy

riidesse panema

p'achachakuy

magama

puñuy

ärkama

rikch'ay

vaatama qhaway	nutma waqay	paitama waylluy

kammima sikray	rääkima rimay	aru saama unanchay

küsima tapuy	kuulama uyariy	jooma upyay

sööma mikhuy	korrastama kamachiy	armastama khuyay

süüa tegema wayk'uy	sõitma q'iwiy	lendama phaway

purjetama

wamp'uy

arvutama

yupanchay

lugema

ñawiriy

õppima

yachay

töötama

llamk'ay

abielluma

sawaray

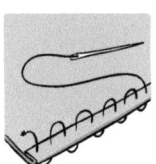

õmblema

siray

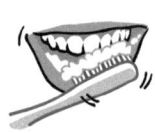

hambaid pesema

kiru khitukuy

tapma

wanchiy

suitsetama

pitay

saatma

kachay

perekond
yawar masikuna

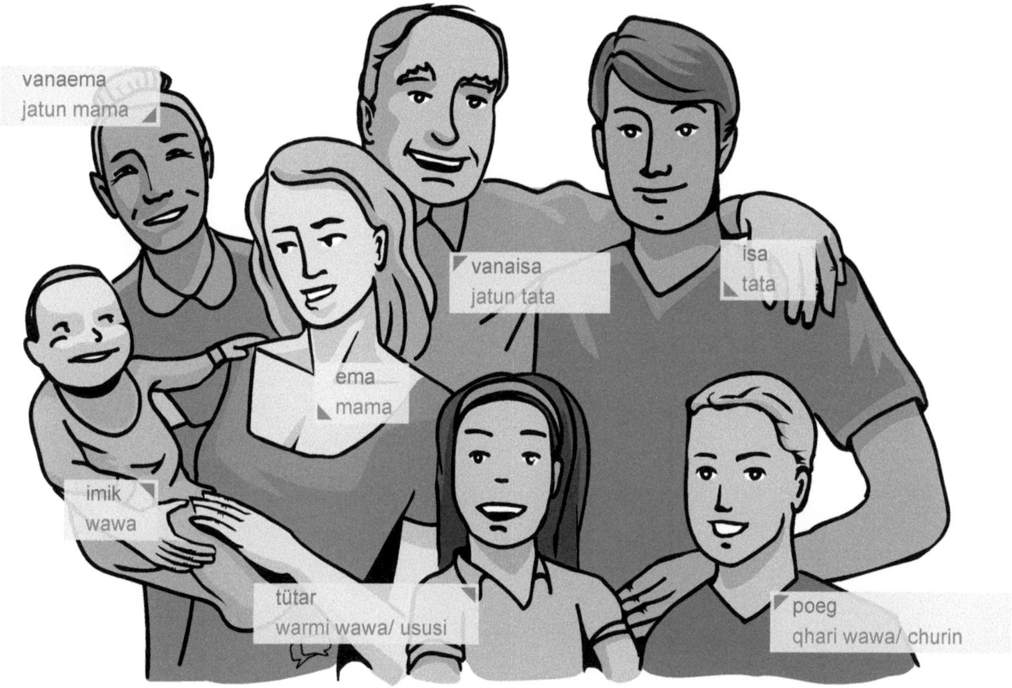
vanaema
jatun mama
vanaisa
jatun tata
isa
tata
ema
mama
imik
wawa
tütar
warmi wawa/ ususi
poeg
qhari wawa/ churin

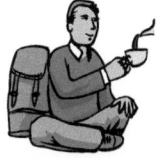

külaline

jamuynisqa

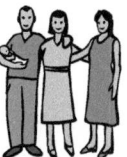

tädi

ipa

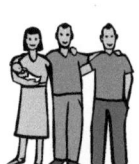

onu

kaki

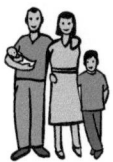

vend

tura/wawqi

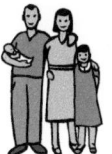

õde

ñaña/pana

keha

uqhu

otsmik
mat'i
silm
ñawi
õlg
likra
sõrm
ruk'ana
nägu
uya
lõug
sunkha
käsi
maki
jalg
t'usu
rind
qhasqu
käsivars
likra

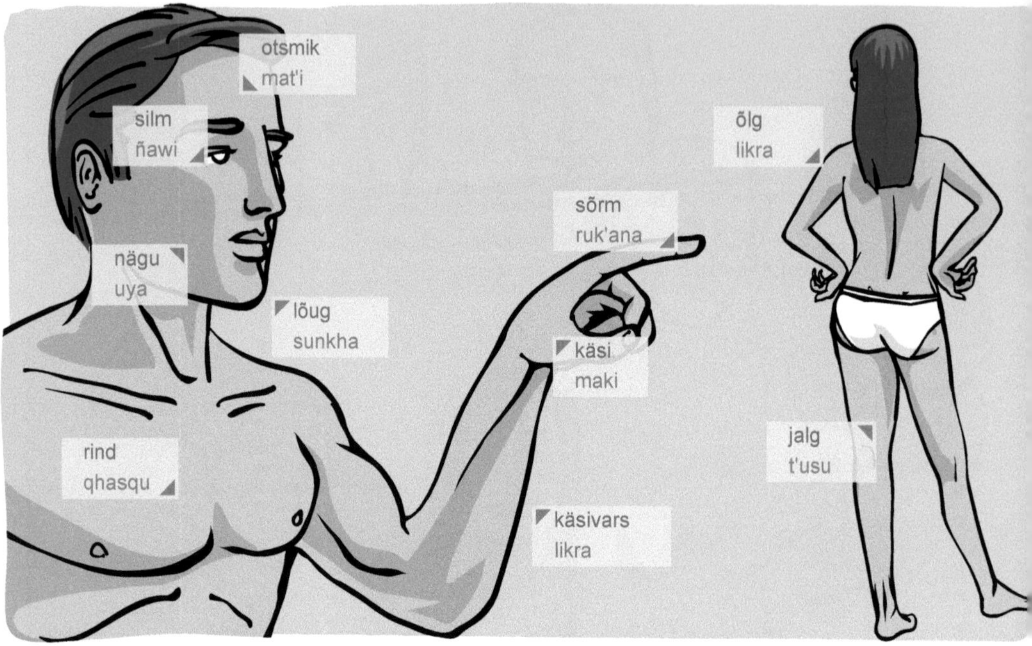

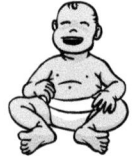

imik

wawa

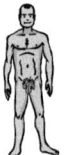

mees

qhari

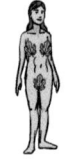

naine

warmi

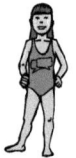

tüdruk

sipas

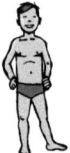

poiss

yuqalla

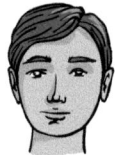

pea

uma

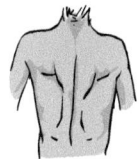

selg
wasa

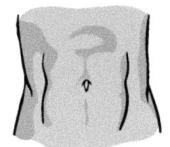

kõht
wisa ukhu

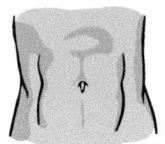

naba
pupu

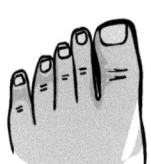

varvas
ruk'ana

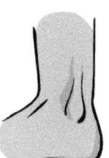

kand
takillpa

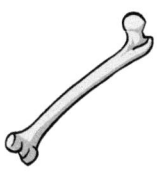

luu
tullu

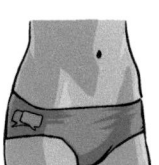

puus
chaka

põlv
muqu

küünarnukk
maki muqu

nina
sinqa

tagumik
siki

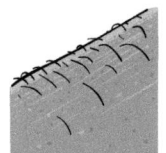

nahk
qara

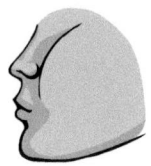

põsk
k'aqlla

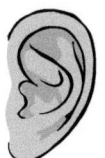

kõrv
linri

huuled
sipri

suu

simi

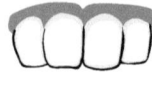

hammas

kiru

keel

qallu

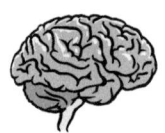

aju

ñuqtu

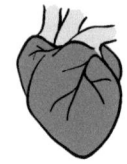

süda

sunqu

lihas

mach'i

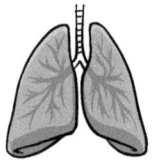

kops

surq'an

maks

k'iwicha

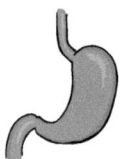

magu

wisa

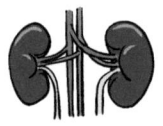

neerud

wasa ruru

seksuaalvahekord

lluq'anaku

kondoom

condon

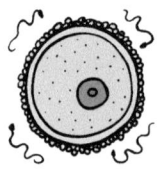

munarakk

ch'uytu

sperma

yuma

rasedus

wiksayuq kay

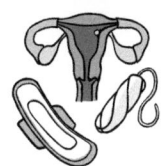

menstruatsioon

k'ikuy

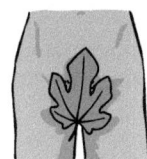

vagiina

rakha

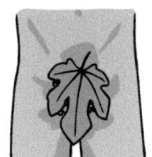

peenis

ullu

kulm

qhichira

juuksed

chukcha

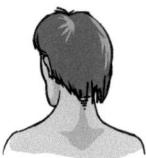

kael

kunka

haigla
Jampina wasi

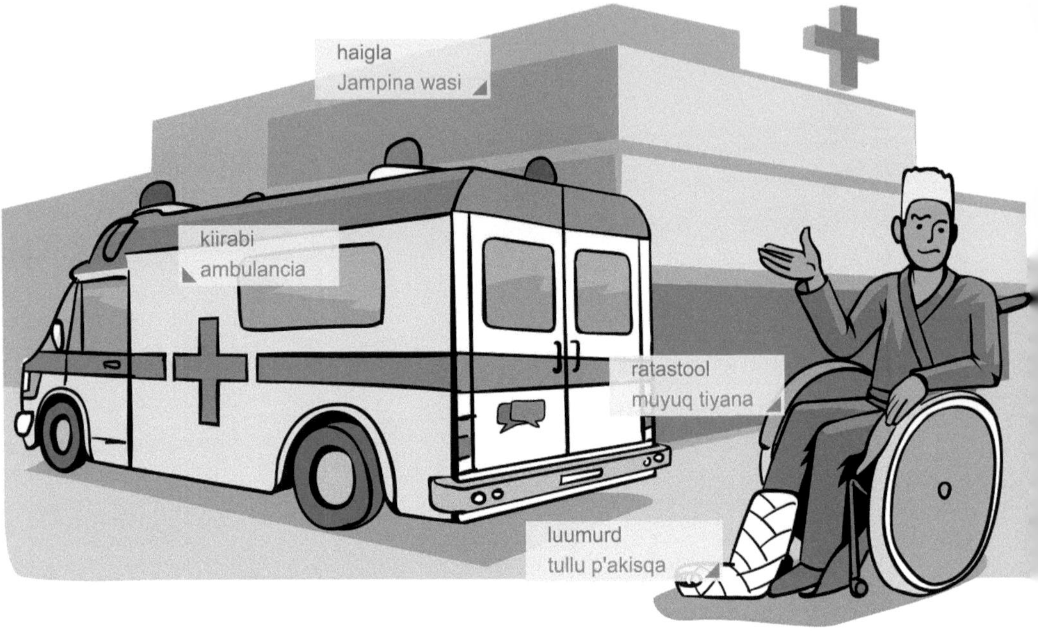

haigla
Jampina wasi
kiirabi
ambulancia
ratastool
muyuq tiyana
luumurd
tullu p'akisqa

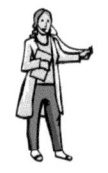

arst

jampi kamayuq

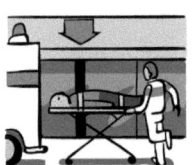

traumapunkt

urgencia wasi

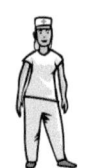

meditsiiniõde

jampi yanapaq

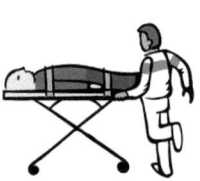

hädaolukord

urjinsia

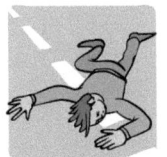

teadvuseta

mana yuyayniyuqchu

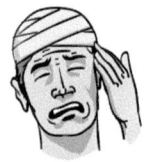

valu

nanay

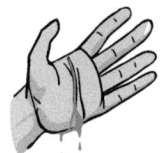

vigastus

ñuti

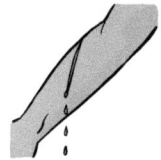

verejooks

sirk'ay

südamerabandus

infarto

insult

wayra

allergia

millachikuq

köha

ch'uju

palavik

k'aja unquy

gripp

p'urqi

kõhulahtisus

q'icha

peavalu

uma nanay

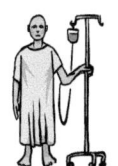

vähk

isqu unquy

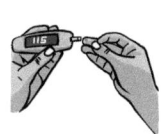

diabeet

diyawitis

kirurg

jampi kamayuq

skalpell

bisturi

operatsioon

upirasiun

KT
TAC

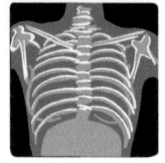

röntgen
tullurikuchi

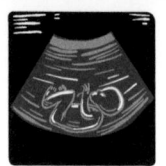

ultraheli
ultrasunidu

mask
jark'ana

haigus
unquy

ooteruum
suyanapaq k'illi wanlla

kark
tawna

kips
tinta

side
manku

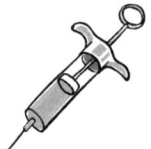

süst
inyiksiun

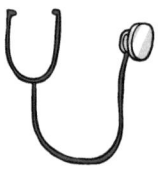

stetoskoop
istituskupiu

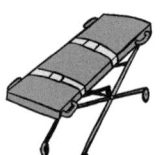

kanderaam
kallapu

kraadiklaas
llaphi tupuna tupu

sünd
paqarisqa

ülekaaluline
wirachasqa

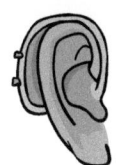

kuuldeaparaat

audifono

desinfektsioonivahend

disinjiktanti

põletik

q'iyacha

viirus

miyu

HIV / AIDS

VIH / SIDA

meditsiin

jampi

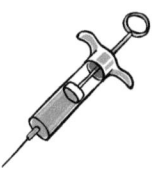

vaktsineerimine

wakuna

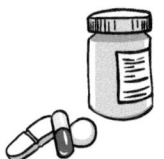

tabletid

tawlitakuna

pill

pastilla

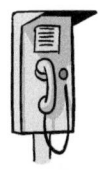

hädaabikõne

usqay waqyana

vererõhuaparaat

tinsiumitru

haige / terve

unqusqa / qhali

Appi!	häire	kallaletung
¡Yaw!	alarma	manchay

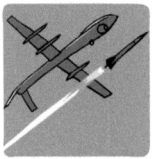		
rünnak	oht	avariiväljapääs
waykha	chhiki	punku utqay lluqsinapaq

Tulekahju!	tulekustuti	õnnetus
¡Nina!	nina wañichiq	ñak'ariy

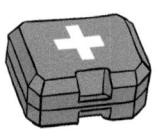		
esmaabikomplekt	SOS	politsei
botiquin de primeros auxilios	SOS	pulisiya

Euroopa

Iwrupa

Põhja-Ameerika

Chincha Amerika

Lõuna-Ameerika

Qulla Amerika

Aafrika

Ajurika

Aasia

Asia

Austraalia

Awstralia

Atlandi ookean

Atlantiku

Vaikne ookean

Pasijiku

India ookean

Indiku mama qucha pacha

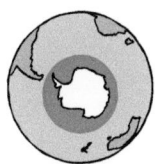

Lõuna-Jäämeri

Antartiku mama qucha
pacha

Põhja-Jäämeri

Artiku mama qucha pacha

põhjapoolus

chincha pulu

lõunapoolus

qulla pulu

Antarktika

Antartida

Maa

Pacha

maismaa

jallp'a

meri

mama qucha

saar

tara

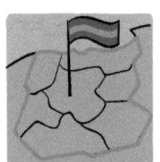

rahvus

llaqta

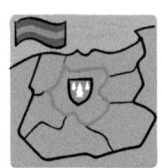

riik

Suyu

sihverplaat
muruq'u

tunniosuti
phani tuqsiq

minutiosuti
chininiq

sekundiosuti
ch'ipu yupaq

Mis kell on?
¿Ima phanitaq?

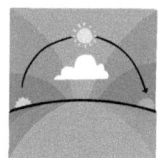

päev
p'unchaw

aeg
pacha

praegu
kunan

digitaalne kell
dijital inti watana

minut
chinini

tund
phani

nädal

qanchischaw

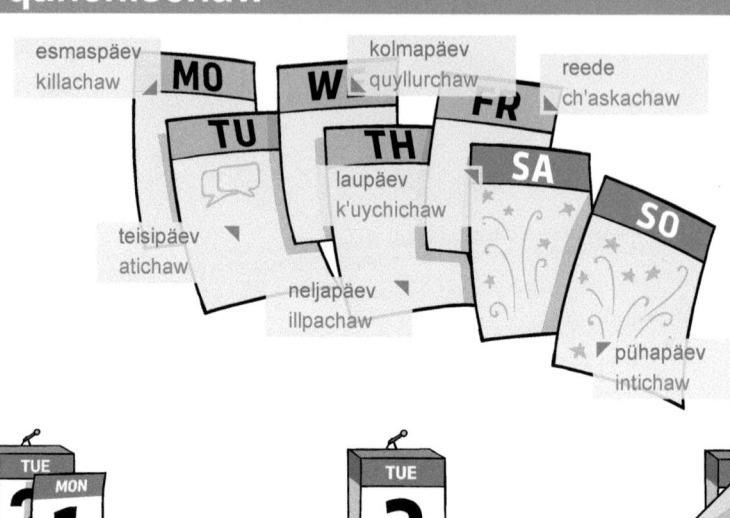

esmaspäev
killachaw

MO

W

kolmapäev
quyllurchaw

reede
ch'askachaw

TU

TH

FR

laupäev
k'uychichaw

SA

teisipäev
atichaw

SO

neljapäev
illpachaw

pühapäev
intichaw

eile
....
qayna

2

täna
....
kunan

homme
....
p'unchaw

hommik
....
p'unchaw

lõuna
....
chawpi p'unchaw

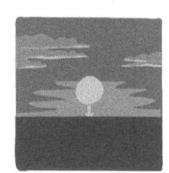

õhtu
....
sukha

MO	TU	WE	TH	FR	SA	SU
1	2	3	4	5	6	7
8	9	10	11	12	13	14
15	16	17	18	19	20	21
22	23	24	25	26	27	28
29	30	31	1	2	3	4

tööpäevad
....
llamk'ana p'unchawkuna

MO	TU	WE	TH	FR	SA	SU
1	2	3	4	5	6	7
8	9	10	11	12	13	14
15	16	17	18	19	20	21
22	23	24	25	26	27	28
29	30	31	1	2	3	4

nädalavahetus
....
tukuq qanchischawnin

vihm
para

vikerkaar
k'uychi

tuul
wayra

lumi
rit'i

kevad
pawqar mit'a

sügis
jawkay mit'a

suvi
ch'iraw killa

talv
chiri mit'a

4.APRIL	11°	☀
5.APRIL	4°	⛆
6.APRIL	13°	⛆
7.APRIL	8°	❄
8.APRIL	10°	☀

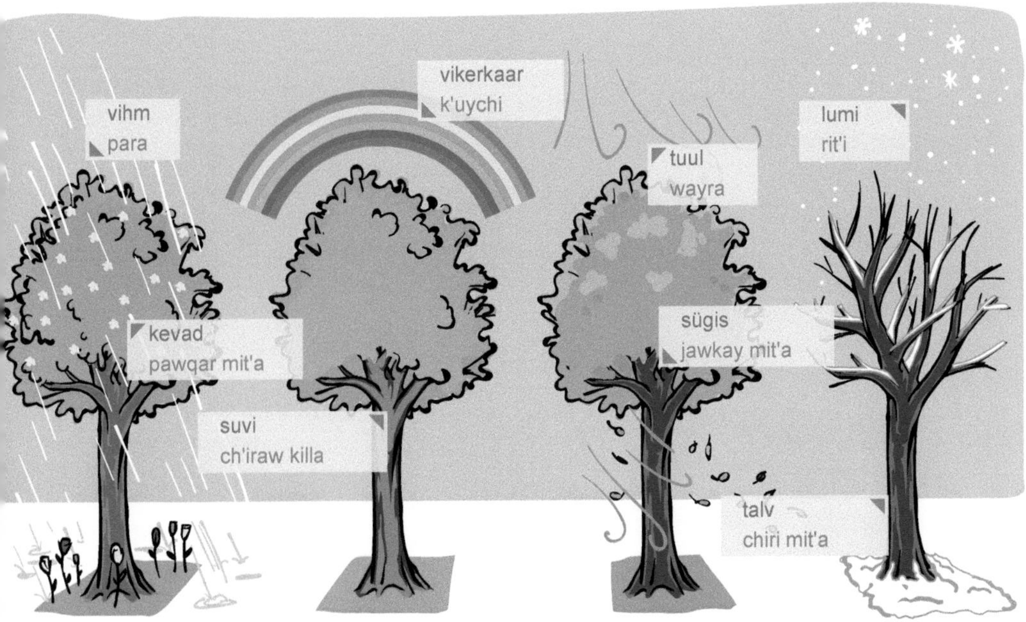

ilmaennustus

inti raki

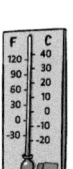

termomeeter

tirmumitru

päikesepaiste

inti

pilv

phuyu

udu

phuyu

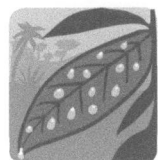

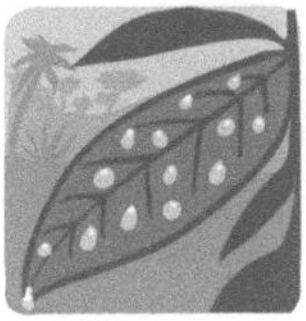

niiskus

juq'u

pikne

illapa

kõu

illapa

torm

tamya

rahe

chikchi

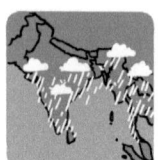

mussoon

muyuq wayra

üleujutus

lluqlla

jää

chullunka

jaanuar

qhaqmiy killa

veebruar

jatunpuquy killa

märts

pachapuquy killa

aprill

ariwaki killa

mai

aymuray killa

juuni

jawkaykuskuy killa

juuli

chakrakunakuy killa

august

chakraypuy killa

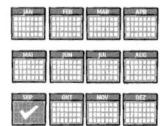

september
....
tarpuy killa

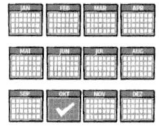

oktoober
....
pawqarwara killa

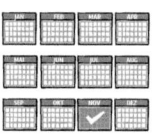

november
....
ayamarq'ay killa

detsember
....
qhapaq inti raymi killa

pacha tupusqa rikch'ay

ring
....
muyu yupa

ruut
....
tawak'uchu yupa

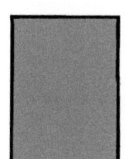

nelinurk
....
sayt'u yupa

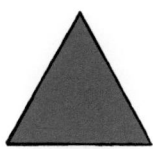

kolmnurk
....
kimsa k'uchu yupa

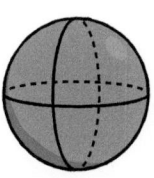

kera
....
muruq'u

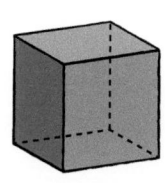

kuup
....
yupa wayru

valge

yurak

kollane

q'illu

oranž

willapi

roosa

panti

punane

puka

lilla

kulli

sinine

anqas

roheline

q'umir

pruun

ch'umpi

hall

uqi

must

yana

palju / vähe

achkha / pisi

vihane / rahulik

phiña / qhasi

ilus / inetu

k'acha / millay

algus / lõpp

qallariy / tukuy

suur / väike

jatun / juch'uy

hele / tume

sut'i / tuta

vend / õde

wawqi / pana

puhas / must

llimphu / ch'ichi

täielik / puudulik

junt'asqa / mana junt'asqa

päev / öö

p'unchaw / tuta

surnud / elus

wañusqa / kawsaq

lai / kitsas

chhuqu / k'ichki

söödav / mittesöödav

mikhunapaq / mana mikhunapaqchu

kuri / sõbralik

sakra / k'acha

põnevil / tüdinud

kusisqa / majisqa

paks / peenike

rakhu / tullu

esimene / viimane

ñawpaq / qhipa

sõber / vaenlane

masi / awqa

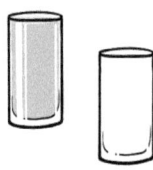

täis / tühi

junt'a / ch'in

kõva / pehme

k'urki / llamp'u

raske / kerge

llasa / chhalla

nälg / janu

yarqhay / ch'akiy

haige / terve

unqusqa / qhali

ebaseaduslik / seaduslik

chanin / mana chanin

tark / rumal

yuyaysapa / upa

vasak / parem

lluq'i / paña

lähedal / kaugel

qaylla / karu

uus / kasutatud

musuq / mawk'a

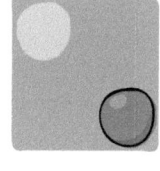

mitte midagi / midagi

ch'usaq / imapis

vana / noor

machu / wayna

sees / väljas

jap'isqa / wanchisqa

lahti / kinni

kichasqa / wisq'asqa

vaikne / vali

ch'in / ch'aqwa

rikas / vaene

qhapaq / wakcha

õige / vale

chiqan / mana chiqan

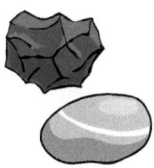

kare / sile

qhachqa / llamp'u

kurb / rõõmus

llakisqa / kusi

lühike / pikk

k'aka / karu

aeglane / kiire

jayra / utqay

märg / kuiv

juq'u / ch'aki

soe / jahe

rupha / chiri

sõda / rahu

awqay / sunqu tiyakuy

0

null

ch'usak

1

üks

uk

2

kaks

iskay

3

kolm

kimsa

4

neli

tawa

5

viis

phichqa

6

kuus

suqta

7

seitse

qanchis

8

kaheksa

pusaq

9

üheksa

jisq'un

10

kümme

chunka

11

üksteist

chunka ukniyuq

12
kaksteist

chunka iskayniyuq

13
kolmteist

chunka kimsayuq

14
neliteist

chunka tawayuq

15
viisteist

chunka phichkayuq

16
kuusteist

chunka suqtayuq

17
seitseteist

chunka qanchisniyuq

18
kaheksateist

chunka pusaqniyuq

19
üheksateist

chunka jsq'unniyuq

20
kakskümmend

iskay chunka

100
sada

pacha

1.000
tuhat

waranqa

1.000.000
miljon

junu

inglise

inklis simi

Ameerika inglise

amerikanu inklis simi

mandariini

mandarin chinu simi

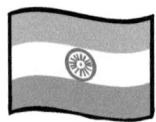

hindi

jindi simi

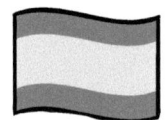

hispaania

castilla simi

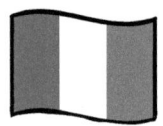

prantsuse

fransis simi

araabia

arabia simi

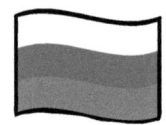

vene

rusia simi

portugali

purtugal simi

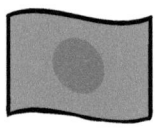

bengali

bingali simi

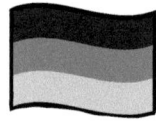

saksa

alimania simi

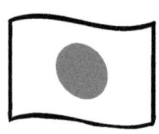

jaapani

japun simi

mina

ñuqa

sina

qam

tema

pay / pay / chay

meie

ñuqanchik

teie

qamkuna

nemad

paykuna

kes?

¿pitaq?

mis?

¿imataq?

kuidas?

¿imaynataq?

kus?

¿maypitaq?

millal?

¿mayk'aq?

nimi

suti

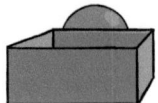

taga
qhipa

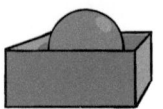

sees
pi

ees
ñawpaq

kohal
pantanpi

peal
pata

all
uranpi

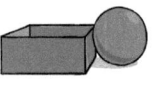

kõrval
kuska

vahel
chawpi

koht
chiqan